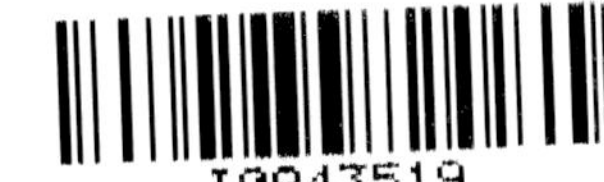

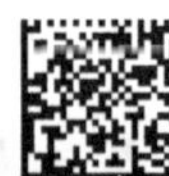
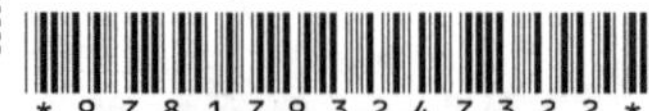